JUSTIFICATION

DE M. MILSCENT, Créole,

A

L'Assemblée Coloniale de S. Domingue.

DEPUIS long-tems de lâches calomniateurs
me citaient au tribunal du public ; je n'ai
pas dédaigné de m'y présenter pour me justifier ; mais j'avais cru que les honnêtes-
gens de ma patrie, qui devraient composer
ce tribunal sacré, suffisaient pour repousser
de vils détracteurs, que la seule envie exci-
tait contre moi. J'avais cru encore que
ma conduite, et les services sans nombre
que j'ai rendus à ma patrie, auraient dé-
truit les efforts de mes ennemis, et étouffé
les cris absurdes de mes envieux. Mais
j'apprends qu'ils triomphent contre la vertu,
et qu'il est tems qu'elle se défende.

Me voilà donc accusé par la Patrie que
j'ai défendue si long-tems contre ses ennemis intérieurs ! Je suis accusé dans le lieu
où l'on me doit des couronnes civiques !
Et après y avoir joui de toute la considé-
ration, de toute la reconnaissance, et,
j'ose le dire, de toute la vénération des
gens vertueux ; après avoir étouffé la voix

A

de l'envie par toutes les actions de ma vie, et par les éloges qu'elles m'attiraient, je m'en vois accusé dès que je m'en éloigne pour venir vivre dans l'oubli, le silence et le calme de la vie privée d'un bon citoyen ! Il en coûte à l'homme droit de parler de soi ; mais, traduit au tribunal du public, il est forcé de le faire : je vas remplir ce devoir avec toute la franchise et la loyauté d'une conscience pure et sans reproche.

Mais de quoi suis-je accusé ?

1°. D'avoir manifesté mon opinion.

2°. De m'être trouvé avec Ogé lors de son insurrection.

3°. D'être l'auteur du Décret du 15 mai.

4°. D'être à la tête des negres révoltés.

5°. De ce que ma mere, mes biens, et ceux de ma niece, ont été épargnés.

Voilà les cinq chefs d'accusation contre moi. Il suffit de connaître les lieux et les dates de ces faits, pour sentir toute la faiblesse, le ridicule et l'injustice de pareilles accusations. Mais on s'en occupe sérieusement dans la Colonie, je dois y répondre de même. Je vais le faire selon la série de ces infâmes calomnies.

1°. Si je n'ai pas le droit de manifester mon opinion, il faut que l'on rende un décret exprès, qui renverse, pour moi seul, la Constitution Française, établie sur les Droits de l'Homme. J'ai toujours prêché l'humanité, la justice et la paix : aurait-on imaginé qu'il se serait rencontré un lieu sur la terre, encore moins un lieu habité par des Français, où de tels titres à l'estime n'eussent été regardés que comme des traits de trahison nationale ?

Réfléchissant sérieusement sur les maux dont je voyais ma patrie menacée, si elle ne suivait pas les heureux et sages principes de sa mere, j'ai osé dire, à l'oreille de mes concitoyens, 1°. qu'ils creusaient un abyme affreux sous leurs pas ; 2°. qu'ils s'ouvraient une source intarissable de dangers et de calamités ; 3°. que les gens de couleur libres, d'ailleurs hommes comme nous sous tous les rapports possibles, étaient traités trop durement et trop injustement ; 4°. que le sort de ces malheureux était au point de les désespérer, et de les porter aux derniers excès pour en sortir ; l'insurrection des Mulâtres de la Grande Riviere, et de quatre ou cinq autres quartiers, vous l'ont assez prouvé ; 5°. qu'ils ne les traitaient ainsi que pour maintenir un préjugé barbare qui, loin d'être utile aux Colonies, serait tôt ou tard la cause indubitable de leur perte ; que les gens de couleur étaient les intermédiaires entre nous et nos esclaves, qu'eux seuls pouvaient contenir ces derniers dans l'ordre et la subordination.

Voilà mon opinion sur ce sujet important, qu'on a cependant traité si légérement dans la Colonie. Vous en voyez les funestes effets : sitôt que vous avez achevé d'enlever la barriere qui retenait nos esclaves ; et que ceux-ci vous ont vu désarmer leur épouvantail, ils se sont soulevés. Je l'avais prévu ; cette sage prévoyance, dont on eût dû faire usage, ce langage de la raison, que les principes de la nouvelle Constitution, d'accord avec la sage politique, eussent dû faire accueillir, ont été, aux yeux fascinés des Colons de S. Domingue, un crime de leze-nation. Mais à qui ai-je manifesté cette opinion ? Est-ce aux hommes de couleur libres ? Je défie à mes lâches détracteurs de le prouver. Est-ce aux esclaves ? Nul être, *pas même à S.-Domingue*, n'oserait le penser. C'est dans l'assemblée de la partie du Nord que je me suis expliqué, et dans la confidence de quelques amis. N'en avois-je pas le droit ? n'étais-je pas député pour défendre les intérêts de mes commettans ? devais-je imiter le perfide silence de certains autres députés, ou agir contre ma conscience ? et desservir ma patrie pour ne pas sembler heurter l'opinion de quelques-uns de mes collegues ? Je n'en ai pas eu la lâcheté, et j'ai préféré ma retraite.

Dès le mois de mai 1790, ayant osé engager l'assemblée provinciale du Nord d'avoir égard au décret des 8 et 28 mars, je commençai à devenir suspect. Mes envieux ne cherchaient qu'un prétexte pour me calomnier ; ils crurent le rencontrer dans cet avis : « Il approuve, disaient-ils, ce décret, donc il est contre le régime de la Colonie ; c'est donc un traître ». Oui , sans doute , j'étais contre le régime de la Colonie , comme les hommes dignes de la liberté en France étaient contre le régime féodal et sacerdotal. Vous avez pensé différemment , et vous avez causé la ruine de ma patrie.....

Je fus cependant instruit de l'infâme conclusion de mes ennemis ; je pris aussi-tôt mon parti ; je sacrifiai mes intérêts , je renonçai à ma patrie que j'aime , pour lever toute inquiétude à mon égard. J'espérais que d'aussi grands sacrifices m'auraient fait oublier , et que l'envie ne m'aurait pas poursuivi jusques dans le sein de ma famille , où je vis dans la retraite la plus profonde : mais la Renommée , qui se plaît autant à exalter les cœurs purs , que l'Envie à les ravaler , a encore fait retentir mon nom dans le pays où je l'ai le plus honoré ; les envieux en ont été soulevés , et ils ont l'imbécille méchanceté de m'accuser précisément des maux que j'ai voulu prévenir , et dont j'avais préservé ma patrie pendant près de vingt ans.

2°. La seconde accusation est encore plus dénuée de vraisemblance. Les méchans , emportés par le desir de faire le mal , et l'espérance perfide d'y réussir , ne peuvent pas tout prévoir ; ils ne furent pas plutôt instruits du projet d'Ogé , qu'ils répandirent , comme un fait avéré , que j'étais le chef de l'insurrection , que j'étais à la tête des rébelles , déguisé en negre ; que l'on m'avait vu, etc.; et cela parce qu'ils ne firent aucun degat sur mon habitation. Il n'y avait que deux difficultés à résoudre sur cette accusation, mais personne ne s'en avisa : 1º. Ogé était parti de France en juin pour aller s'embarquer à la Nouvelle Angleterre, et j'étais embarqué le 2 juin pour la France; 2º. Ogé était arrivé dans la Colonie en octobre, et l'on avait reçu, sur la fin de septembre, des nouvelles de mon arrivée à Bordeaux ; à ces deux difficultés j'en ajouterai encore une plus grande, mais je ne serai entendu que des gens de bonne foi ; c'est que l'on ne quitte pas sa patrie quand on veut lui faire du mal..... Cette calomnie était sans doute bien absurde, et cependant on n'en agissait pas moins avec tous les complices de l'horrible projet d'Ogé, comme si l'on eût voulu me convaincre de complicité : on osait, grand Dieu ! on osait demander à tous les Mulâtres prisonniers : *connaissez-vous M. Milscent? l'avez-vous vu ? en avez-vous entendu parler ?* Et c'était au Cap, dans cette ville où j'avais déposé tant de preuves glorieuses de mon patriotisme, et de mon zele ardent pour le bien public, que l'on faisait ces questions ! Et c'est-là que ces ames de boue sont ainsi parvenues à calomnier mes vertus ! O patrie malheureuse ! tu ne dois tes malheurs qu'au crédit dont y ont joui de vils scélérats ; je me bannis pour toujours de ton sein ; mais tu n'auras jamais à rougir de m'y avoir donné le jour. La vérité me vengera tôt ou tard de la calomnie, et de ses lâches protecteurs.

Le troisieme trait que la calomnie a lancé contre moi, c'est d'avoir fait rendre le Décret du 15 mai; c'est du moins ce que l'on entend en m'accusant d'avoir donné lieu à l'Adresse de la Société des Amis de la Constitution d'Angers. Je commence par dire hautement que je n'en suis ni l'auteur ni le rédacteur, et l'on connaît ma véracité ; *je la conserverai au péril de ma vie*. Mais je déclare, en même tems, que si j'avais été l'auteur de cette piece si honorable pour les membres de cette Société, j'aurais cru pouvoir m'en glorifier auprès de l'Assemblée Coloniale, comme d'un service de plus que j'aurais eu le bonheur de lui rendre, parce que *je suis certain qu'il n'y a que les gens de couleur libres qui puissent conserver, entre nous et nos esclaves, cet heureux équilibre sans lequel*, vous venez de le voir par leur impolitique désarmement, *les Colonies courent les risques d'une subversion totale*. C'est ce que je dis au Club d'Angers, lorsque j'y entendis agiter cette importante question sur laquelle l'Assemblée Nationale allait prononcer. La Société d'Angers, *et tant d'autres que l'on ne cite pas parce que je n'habite pas leur ville*, sentant l'évidence de cette vérité pressante, demanderent que *les seuls hommes, qui fussent capables de conserver les richesses du nouveau monde, eussent au moins la conso-*

lation d'être traités comme des hommes utiles et nécessaires.

Frappé de cette vérité qu'appuyaient également *la politique et la justice*, l'Assemblée nationale rendit ce fameux Décret du 15 Mai, et je le regardai comme le salut des colonies, le garant de toutes nos fortunes, et le rempart des blancs contre les noirs. Cette opinion ne pouvait pas alors m'être imputée comme un crime; comment me le serait-elle aujourd'hui qu'elle n'est malheureusement que trop justifiée par les désastres de la colonie? Je ne vous ferai point l'énumération de mes services : tous les efforts réunis de mes envieux ne sauraient ni en ternir l'éclat, ni en affaiblir le souvenir dans les cœurs des hommes vertueux qui les ont éprouvés : Je vous dirais seulement, si vous étiez capables de les perdre un instant de vue : *ouvrez vos greffes, et parcourez tous les quartiers où j'ai défait des negres rébelles et armés.* ... Vous connaissez l'enthousiasme de mes concitoyens à cet égard, et les cris de la reconnoissance publique pour m'accorder des récompenses bien méritées, mais que le mérite n'obtient presque jamais.

Mais en me glorifiant de ces services signalés, devais-je oublier ceux qui m'avaient si bien secondé par leur valeur et leur désintéressement? je rendis de leur zèle et de leur intelligence le témoignage que je devais, comme l'unique récompense à laquelle ils dussent s'attendre : helas ! on

m'en

m'en fit un crime , et on chercha à ra-
valler ces hommes parce que je les repré-
sentai comme utiles à l'ordre public. L'esclave attentif à tous nos mouvemens , vit
avec plaisir cette impolitique qui lui faisait entrevoir l'espoir de briser ses chaînes ,
et concerta dans l'ombre du mystere les
moyens de le réaliser. C'est ainsi qu'un
orgueil mal entendu nous aveugle et nous
plonge presque toujours dans les préci-
pices. Ceux que nous creusent nos esclaves
sont d'une profondeur incommensurable.
Les seuls hommes de couleur libres peuvent
les combler. On pourrait, sans eux, balancer
encore quelque tems les succès des premiers
avec des troupes blanches , mais de deux
choses il en résulte une également impra-
ticable : 1o. , il faudrait absorber et au-
delà les revenus des Colonies pour entre-
tenir suffisamment des troupes de ligne
capables de contenir les esclaves ; 2°. ou ,
il faudrait que les colons blancs fussent
continuellement sous les armes pour maintenir l'ordre ; et encore comment y par-
venir lorsque l'on compte plus de trente-
trois negres pour un blanc ? Qui empêchera
l'insurrection dans tous les lieux à la fois ?
on vient d'avoir des preuves de ce mal-
heur qui ne peut s'éviter qu'en accordant
un état civil aux gens de couleur libres ,
et qu'en les tenant toujours armés. Ce n'est
pas tout ; les affranchissemens qu'on a
impolitiquement supprimés ou restraints ,
sont un second frein non moins puissant

contre le soulévement des esclaves. Il faut laisser à l'esclave un espoir de sortir de la servitude par ses bons services; si l'on veut les obtenir constamment de lui; il lui faut des exemples perpétuels qui entretiennent dans son ame cette flatteuse perspective. C'est mon opinion, je la dis, parce que je dois tout dire pour servir ma patrie; ce sera sans doute un nouveau crime que l'on m'imputera! Que l'on juge donc des principes d'un lieu où un avis salutaire à la patrie, peut être regardé comme un crime, comme un attentat public, comme un complot horrible!..

Mais ce ne sera pas dans une assemblée composée de l'élite des colons, que l'on aura à craindre une telle inquisition. Il ne doit plus y subsister le moindre doute contre mon opinion. Vous avez vu ces braves gens de couleur libres, au premier bruit du danger auquel vous étiez tous en proie, oublier tout motif de ressentiment, vous offrir en otage leurs femmes, leurs enfans, tout ce qu'ils avaient de plus cher au monde pour obtenir de vous la faveur de justifier le décret du 15 Mai, en mourant pour votre défense; vous avez vu les actes multipliées de leur valeur contre vos ennemis : l'enthousiasme s'est emparé de vos ames à la vue de tant de courage et de loyauté : eh! qu'eussiez-vous ressenti pour eux si, comme moi, vous aviez été témoin de leur intrépidité, de leur patience à supporter la faim et la soif, et la fatigue pour servir une Patrie ingratte qui les rejettait de son sein ! Si vous eussiez vu comme moi, oubliant leurs intérets les plus chers, abandonner leurs femmes, leurs enfans au berceau, leurs peres dans la caducité de l'âge, et le petit bien qu'eux seuls cultivaient de leurs bras pour faire substiter cette indigente famille, passer des mois entiers dans les montagnes les plus pénibles, pour faire rentrer vos esclaves dans l'ordre!... je l'ai vu, et dans l'effusion de mon cœur je l'ai dit publiquement, des monstres d'ingratitude m'en ont fait un crime ! ils ont osé publier, ces êtres méprisables, que c'était être l'ennemi des blancs que de rendre justice à ceux qui sacrifient tout pour les servir. O ma déplorable Patrie ! ton climat opere-t-il donc dans les humains un tel renversement de principes.

4°. C'est ici où le cœur le plus innocent, où l'ame la plus vertueuse, sont entraînés comme malgré eux hors du sang-froid de la raison. Moi, me justifier sur les forfaits les plus atroces !.... Ma plume se refuse à tracer les traits dont on voudrait ternir cette conduite sans reproche, et cette brillante réputation dont j'ai toujours joui à si juste titre. Qu'on m'eût enlevé ma fortune, je m'en serais aisément consolé ; mais attaquer mes sentimens d'humanité, ces sentimens qui m'ont si fort illustré dans ma patrie même, et qui m'ont mérité par - tout l'estime des gens vertueux !.... Ah ! vous ne l'avez que trop bien senti, lâches et per-

fides détracteurs ! Vous n'avez que trop senti
que le moyen le plus sûr de déchirer mon
cœur était d'en calomnier les sentimens !...

Tandis que je ne cessais de tonner ici
contre Gustave, et que l'on trouvait dans le
camp des negres rébelles des pieces de canon
fraichement coulées aux armes de Suède,
mes imbéciles contempteurs répandaient que
j'étais le moteur principal de l'insurrection
des esclaves ; et bientôt la renommée grossis-
sant ce bruit ridicule, on disait comme une
vérité avérée que j'étais à la tête des rébelles..
On a pu à S. Domingue, au Cap, accréditer
une telle infamie ! Elle a pu pénétrer dans
l'Assemblée Coloniale ! Il a fallu y déposer
de mes lettres, datées d'Angers, constater
qu'elles étaient venues par un navire arrivé
de France, pour prouver que je n'étais pas
dans la colonie ! Et cela n'a pas suffi ; on
a encore chargé sécretement la députation
de l'Assemblée coloniale auprès de l'Assemblée Nationale de s'assurer de ma présence
et de mon séjour dans cette ville ! Ils en seront sans doute parfaitement instruits à leur
passage, et la confusion qu'en ressentiront
mes ennemis, quand ils apprendront cette
nouvelle, suffirait seule pour me venger de
leurs calomnies, s'il était possible de faire
voir les choses les plus évidentes à des
hommes qui ne sont aveugles que parce
qu'ils refusent d'ouvrir les yeux.

J'ai presque toute ma fortune dans la colonie ; j'étais aussi intéressé que personne à
conserver l'esclavage des negres, dans un

lieu où l'on ne croit pas possible de conserver ses possessions sans les bras de la servitude dont on se passe ailleurs. Par quelle
extravagante folie eussé-je donc pu chercher
à donner lieu à une insurrection qui , nont
seulement me ruinait et ruinait mes parens
(1) , mes amis et mes concitoyens , mais ne
pouvoit encore que faire couler des flots de
sang dans toute ma Patrie ? Quel être assez
infâme pourrait m'en croire capable ? Mes
principes sont connus ; ils sont consignés
dans cent écrits de ma main : ils ne respirent
que la douceur , la paix, la tolérance ,
l'ordre , l'humanité : et c'est avec de tels
sentimens que l'on va allumer la torche de
la sédition , du carnage et de toutes les
horreurs dans le lieu même où , ne fut-on
qu'égoïste , l'on a toutes les raisons du
monde pour désirer le contraire ! O cœurs
corrompus et féroces ! croyez - vous me
noircir en me prêtant vos détestables principes ?

5.º C'est ici qu'ils m'attendoient : « votre
mere et vos biens , disent-ils , ont été les
seuls épargnés entre tous les autres ».

Ainsi l'envie n'a même pas su voiler ses
motifs dans ce reproche odieux ; ainsi il eut
fallu, pour que je ne fusse pas regardé comme
suspect , que ma respectable , ma vertueuse ,
ma bienfaisante mere eût été égorgée ! ..
Ainsi on regrette que mes biens n'ayent pas

______

(1) Plus de quinze de mes parens ont été massacrés
par les negres,

été pillés, saccagés et incendiés ! Au premier coup-d'œil ce reproche paraît spécieux à des persounes peu clairvoyantes ; mais désillons - leur les yeux, et examinons si cet événement singulier dont on me fait un crime capital, n'est pas au contraire un témoignage aussi glorieux qu'authentique rendu à ma conduite et à mes sentimens, et si mon sort n'est pas celui d'Androclus épargné par le lion auquel on l'avait livré. Pour mettre tout le monde en état d'en juger, je suis forcé de reprendre les choses de plus loin, et de faire l'apologie d'une mere dont les vertus sont révérées même à Saint-Domingue, et par mes plus grands ennemis.

Toujours juste et compatissante envers ses esclaves comme envers les gens de couleur libres et des pauvres blancs, cette femme estimable a indistinctement exercé ses sentimens bienfaisans envers tous les misérables. Satisfaite des bons services de ses esclaves, elle a cru devoir les en récompenser par leur affranchissement, et l'on en peut compter quatorze qui tiennent d'elle leur liberté : elle n'a jamais fait sentir aux autres qu'elle étoit leur maîtresse, que pour leur faire goûter les douceurs d'une vie paisible. Est-il étonnant après cela, que dans un moment où les esclaves se soulèvent contre des maîtres dont ils supportaient avec peine le joug, ils aient reconnu dans ma mere une bonne maîtresse, qui ne les a jamais gouvernés qu'avec justice et humanité ?

Ce que je viens de dire de ma mere, peut s'appliquer à ma conduite et à mes sentimens; et je me flatte que mes plus grands détracteurs même seront forcés de se rendre aux preuves irréfragables que je vais en donner.

Pendant dix - sept ans j'ai commandé les hommes de couleur libres, connus sous le nom de *chasseurs*, et il est inutile de parler ici des faits nombreux et des succès de mes chasses contre les negres-marrons que je suis parvenu à réprimer au point qu'il n'y en a jamais eu d'attroupés dans le pays, que toutes les fois que je m'en suis absenté, et mon retour s'y est toujours annoncé par la dispersion de quelque bande et la mort de son chef. Cette conduite constante qui me coûte plus d'un demi million, soit par la nécessité où j'étais d'abandonner mes affaires, soit par le poison dont les negres usaient à l'égard de tout ce que je possédais d'êtres vivans, soit par les dépenses que *le gouvernement abandonnait à mon patriotisme, à ma générosité ou à ma compassion envers les gens de couleur que l'on envoyait avec moi dans les bois à leurs frais et dépens ;* cette conduite de ma part, dis - je, est-elle suspecte, ou même équivoque ?

Mais si je poursuivais vigoureusement les negres-marrons dans les bois, ils retrouvaient en moi un homme juste et bienfaisant, lorsque j'étais de retour dans mon quartier. Un negre avait-il mérité son affranchissement par ses services, et son maître regrettait-il de le lui accorder , je l'achetais, et je lui faisais avoir sa liberté. Je fus bientôt connu par cette humanité sage et éclairée ; les esclaves me regardaient comme l'ange tutélaire des bons , et l'exterminateur des méchans. Je laisse à mes envieux , qui n'ignorent point ces vérités , d'apprécier l'idée que les esclaves durent se faire de moi, et s'ils en doivent perdre le souvenir.

A l'égard des hommes de couleur libres, que ne devaient-ils pas penser de moi ? Y en avait-il un dans la misere , et qui ne pût faire subsister sa famille, j'allais le secourir. Voulait-on en opprimer un autre , soit par un de ces coups d'autorité si ordinaires alors jusques dans nos petits commandans de milice , soit par l'injustice d'un procès , j'allais le défendre par tout ce que je pouvais avoir de crédit ou d'intelligence. De tels hommes peuvent - ils me vouloir du mal ?

Mais que mes vils calomniateurs triompheraient , si je n'avais exercé mes sentimens de justice et d'humanité , qu'envers ces malheureux qu'on ne peut secourir qu'en se faisant soupçonner de la plus noire des trahisons ! Non , mon cœur n'a jamais su borner sa tendre sollicitude ni à l'état, ni à la couleur , ni à la classe des misérables : tout homme souffrant a toujours eu la même part à mes bienfaits. Combien de malheureux blancs peuvent attester cette vérité, si ce n'était pas un crime au Cap que de se montrer encore mon défenseur ? J'ai servi les uns de ma bourse , les autres de mes

avis,

avis, d'autres de ma plume, d'autres de mon temps et de tout ce qui était en mon pouvoir. Je le demande ici à ces êtres dégradés qui ont osé m'accuser de mauvaises intentions, et de démarches criminelles ; qui me fit commandant des chasseurs ? sont-ce les esclaves ou les gens de couleur libres ? Qui ensuite me fit président du comité de mon quartier ? puis député à l'assemblée de la partie du Nord, puis encore député de l'Assemblée Coloniale, puis aide-major-général de la partie du Nord, puis commandant des troupes patriotiques ? Qui encore me nomma député à l'Assemblée Nationale pour la Colonie, fonction que je n'ai pu accepter ? Sont-ce les esclaves ou les gens de couleur libres ? non : ce sont mes concitoyens, et toujours à l'unanimité des suffrages, chose inouie !.......... C'était le juste tribut payé à mes sentimens vraiment civiques ; c'était le tribut dû à un homme qui avait, toute sa vie, exercé indistinctement la justice et la bienfaisance ; qui n'avait pu voir le mal sans faire tous ses efforts pour l'empêcher ou le réparer.

Voilà cependant ce qui me fait accuser du plus affreux de tous les forfaits. Les Mulâtres, *dit-on*, condamnés par contumace dans l'affaire d'*Ogé*, ont fait épargner mon bien, parce que, ajoute-t-on, ils *pensent* que je les ai servis dans cette occasion : mais à quoi doit-on attribuer cette conduite de leur part, si elle est

C

vraie (1) !. aux indiscrétions de vos commissaires, aux propos de mes calomniateurs, et à la puérile crédulité des juges
employés contre les coupables de cette insurrection. Ces juges et ces commissaires,
dans tous leurs interrogatoires, demandaient
aux negres, aux mulâtres, et aux blancs
prisonniers : « *connaissez - vous, avez-
vous entendu parler de M. Milscent* »? (2)
Il fallait bien qu'à la fin ces hommes se
persuadassent que j'étais leur défenseur,
d'après la connaissance qu'ils avaient de
mon intégrité, et d'après le soin artificieux
de mes ennemis à le publier, et à me
noircir ; d'après, enfin, tous les bruits infâmes répandus autour de vous, que vous
n'avez jamais cherché ni à éclaircir, ni à
étouffer.

Mais il ne me reste qu'une réflexion à
faire : pour vous convaincre de la pureté
de ma conduite et de mes sentimens, som-
mez les lâches, qui osent répandre tant
d'atrocités contre moi, de signer une seule
de leurs abominables imputations, et vous
verrez qu'il ne s'en trouvera pas un seul
assez hardi pour le faire. Alors vous me
devez, vous devez à un bon citoyen, vous

----

(1) Qui a pu le savoir ? on ne pent pénétrer dans
les quartiers.

(2) La même question se répète toujours chaque
fois qu'on interroge les negres prisonniers, qu'on
va fusiller au Champ de Mars.

vous devez à vous-mêmes, à votre carac-
tere de Représentans de la Colonie, au bien
de la Colonie même, de faire arrêter
un de ces vils agens de la calomnie, de
l'obliger de déclarer d'où il la tient, et
remontant ainsi, de l'un à l'autre, jus-
qu'à sa source impure, vous serez sans
doute bien étonnés de trouver, parmi vous-
mêmes, l'infâme qui se joue ainsi et de la
foi, et de la tranquillité publique, et de la
réputation d'un de vos meilleurs concitoyens, dont vous êtes interessés à embras-
ser la défense s'il est innocent, comme
à en poursuivre le supplice s'il est coupa-
ble du moindre des forfaits, dont on ose
l'accuser.

Oui, son principal, son plus acharné
détracteur est parmi vous : je le reconnais
aux noirs poisons de sa langue, aux imputations odieuses que son ame atroce est
seule capable de concevoir. Mais, combien
ne frémirait-on pas d'horreur, si l'on pouvait interroger sa conscience, qui ne saurait
lui mentir ! Que dirait-elle ? « *Hélas ! je
n'ai à lui reprocher, que des bienfaits* » !

Eh bien ! l'ordre va renaître, soit par
l'amnistie que vous avez offerte aux sédi-
tieux, soit par l'extermination de tous.
les esclaves : mon bien est dans le pays ;
s'il n'en faut que le sacrifice pour assouvir
la rage et la barbare jalousie de ce monstre ;
s'il ne faut que ma ruine pour faire cesser
les regrets de ce que j'ai été épargné, qu'il
porte dans mes possessions le fer et la flamme,

pour me punir d'avoir été toute ma vie juste et binfaisant... Mais, au nom de tout ce qu'il y a de plus sacré aux yeux des hommes, que ma malheureuse mere soit épargnée ; elle sera assez à plaindre de m'avoir donné le jour.....